BEI GRIN MACHT SICH IHR
WISSEN BEZAHLT

- Wir veröffentlichen Ihre Hausarbeit,
  Bachelor- und Masterarbeit

- Ihr eigenes eBook und Buch -
  weltweit in allen wichtigen Shops

- Verdienen Sie an jedem Verkauf

Jetzt bei www.GRIN.com hochladen und kostenlos publizieren

Effekte des Ausdauertrainings bei arterieller Hypertonie. Diagnose, Zielsetzung, Trainingsplanung "Mesozyklus"

Isabella Jülch

Bibliografische Information der Deutschen Nationalbibliothek:

Die Deutsche Nationalbibliothek verzeichnet diese Publikation in der Deutschen Nationalbibliografie; detaillierte bibliografische Daten sind im Internet über http://dnb.d-nb.de abrufbar.

ISBN: 9783346328335
Dieses Buch ist auch als E-Book erhältlich.

© GRIN Publishing GmbH
Nymphenburger Straße 86
80636 München

Alle Rechte vorbehalten

Druck und Bindung: Books on Demand GmbH, Norderstedt Germany
Gedruckt auf säurefreiem Papier aus verantwortungsvollen Quellen

Das vorliegende Werk wurde sorgfältig erarbeitet. Dennoch übernehmen Autoren und Verlag für die Richtigkeit von Angaben, Hinweisen, Links und Ratschlägen sowie eventuelle Druckfehler keine Haftung.

Das Buch bei GRIN: https://www.grin.com/document/976295

Deutsche Hochschule für
Prävention und Gesundheitsmanagement

Einsendeaufgabe

Fachmodul:	Trainingslehre 2
Studiengang:	Fitnessökonomie
Datum Präsenzphase:	14.12.2016–16.12.2016
Name, Vorname:	Jülch, Isabella
Studienort:	Frankfurt
Semester:	Wintersemester

Inhaltsverzeichnis

1 Diagnose

1.1 Allgemeine und biometrische Daten

Tab. 1.: Allgemeine und biometrische Daten (eigene Darstellung)

Allgemeine Daten	
Alter	20
Geschlecht	Weiblich
Körpergröße	1,62 m
Körpergewicht	63 kg
Trainingsmotive	Gewichtsreduktion, Verbesserung der Ausdauerleistungsfähigkeit, Stressabbau
Berufliche Tätigkeit	Auszubildende Speditionskauffrau
Aktuelle und frühere sportliche Aktivitäten	Frühere Aktivitäten: 3 Jahre Tanzverein, 3 Jahre Turnverein (Kinderturnen und Step Aerobic), 4 Jahre kein Sport. Aktuelle Aktivitäten: 12 Monate Krafttrainingserfahrung im Fitnessstudio mit mehrwöchigen Pausen und Unregelmäßigkeiten (Kraftausdauertraining, in der Regel ca. 3 Einheiten pro Woche, jeweils ca. 45 Minuten Krafttraining, zuzüglich 10-15 Minuten Auf- und Abwärmen auf dem Laufband, Stepper und/oder Crosstrainer) → durchschnittliche Fitness-Sportlerin
Zeitlicher Verfügungsrahmen	3-4 Trainingseinheiten pro Woche, ca. 1,5 h
Subjektive Einschätzung der Stressstärke (1-10)	7
Biometrische Daten	
Blutdruck	119/78 mmHg
Ruhepuls	58
Körperfettanteil	28 %
Allgemeiner Gesundheitszustand	Sportgesund
Sonstige gesundheitliche Einschränkungen	Keine

Tab. 2: Blutdruckklassifikation der American Heart Association (modifiziert nach Mancia et al., 2013, S. 1286; zitiert nach Eifler, 2015, S. 273)

Bewertungsstufen	Systolischer Blutdruck	Diastolischer Blutdruck
Normalblutdruck		
optimal	unter 120 mmHg	unter 80 mmHg
normal	unter 130 mmHg	unter 85 mmHg
hochnormal	130-139 mmHg	85-89 mmHg
Bluthochdruck		
Stufe 1	140-159 mmHg	90-99 mmHg
Stufe 2	160-179 mmHg	100-109 mmHg
Stufe 3	> 180 mmHg	>110 mmHg

Der Blutdruck der Person liegt laut der Bluttdruckklassifikation der American Heart Association (modifiziert nach Mancia et al., 2013, S. 1286; zitiert nach Eifler, 2015b, S. 273) im optimalen Bereich.

Tab. 3: Ruhepuls (eigene Darstellung)

Leistungsstand	Pulsschläge pro Minute
Normwert Untrainierte	60-80
Optimalprogramm	≤ 60
Hochtrainierte	< 40

Der Ruhepuls der Person liegt gemäß ihres Leistungszustandes im oberen Bereich des Optimalprogramms.

Tab. 4: Klassifikation Körperfett bei Frauen (modifiziert nach Gallagher et al., 2000, S. 694-701)

Alter	niedrig	normal	hoch	sehr hoch
20-39	< 21 %	21-33 %	33-39 %	≥ 39 %
40-59	< 23 %	23–34 %	34-40 %	≥ 40 %
60-79	< 24 %	24-36 %	36-42 %	≥ 42 %

Der Körperfettanteil der Person liegt nach Gallagher et al. (2000, S. 694-701) mit 28 % im mittleren normalen Bereich.

1.2 Leistungsdiagnostik/Ausdauertestung

Bei der oben beschriebenen Person liegen keine Kontraindikationen, wie beispielsweise Schwindel, Übelkeit oder Atemnot, bezüglich einer Ausdauertestung vor, weshalb die Leistungsdiagnostik ohne Bedenken durchgeführt werden kann (Kettenis & Eifler, 2016, S. 63). Der Vorteil einer Ausdauertestung ist hierbei, dass der Ist-Zustand der Person festgehalten wird. Mit diesem Ist-Zustand lassen sich dann Trainingsempfehlungen bezüglich der Intensitätsteuerung ableiten. Darüber hinaus ist sowohl ein inter- als auch ein intraindividueller Leistungsvergleich möglich. So erhält die Person einen Vergleich mit der Leistungsfähigkeit anderer Frauen in ihrem Alter. Nach ca. 12 Wochen wird dann erneut eine Ausdauertestung durchgeführt und die Person kann sich mit sich selbst vergleichen und somit ihre Fortschritte genau messbar machen.

Die Person vollzieht den Hollmann-Venrath-Ausdauertest auf dem Fahrradergometer, da dabei keine vollständige Ausbelastung der Person von Nöten ist, die aufgrund ihres geringen Ausdauertrainingsumfanges im diesem Bereich zunächst als eher untrainiert eingestuft werden kann. Des Weiteren wird das Fahrrad als Testgerät verwendet, da es gegenüber anderen Trainingsgeräten wesentliche Vorteile bietet. So ist die Belastung auf dem Fahrrad exakt dosierbar und die Gefahr von orthopädischen Fehlbelastungen gering. Das Fahrrad gilt als Allroundgerät, da die koordinativen Anforderungen gering sind, weshalb wissenschaftlich abgesicherte Normwerttabellen zum individuellen Leistungsvergleich existieren. Als Belastungsschemata ausgewählt wurden Hollmann und Venrath, da es sich um eine jüngere und sportliche Person handelt, der eine Belastbarkeit von mindestens 150 Watt zugetraut werden kann (Kettenis & Eifler, 2016, S. 72). Das Belastungsschemata nach WHO ist für sehr leistungsschwache Personen entwickelt worden und kann deshalb für die zu testende Person ausgeschlossen werden.

Tab. 5: Testprotokoll (eigene Darstellung)

Pulsobergrenze in S/min nach WHO	180-20=160			
Zeit in Minuten	0-3	3-6	6-9	9-12
Belastung in Watt	30 Watt	70 Watt	110 Watt	150 Watt
Trittfrequenz	70 U/min	70 U/min	70 U/min	70 U/min
Belastungsherzfrequenz nach jeder Minute	1. 86 2. 95	4. 102 5. 125	7. 137 8. 150	10. 167

	3.	104	6.	120	9.	158	

Die getestete Person hat insgesamt drei Belastungsstufen vollständig durchfahren. In der vierten Belastungsstufe hat sie nach einer Minute die laut WHO definierte Pulsobergrenze von 180-Lebensalter (160 S/min) erreicht. Der Test wurde somit nach zehn Minuten mit einem Puls von 176 S/min beendet. Die Gesamtleistung entspricht demnach einer Watt-leistung von 123 (110 Watt + 13). Die relative Watt-Soll-Leistung beträgt folglich 1,95 Watt/kg. Verglichen mit den Vorgaben aus der Normwerttabelle für submaximale Rad-ergometertests ergibt sich für die Person eine überdurchschnittliche bis gute Ausdauer-leistungsfähigkeit (IPN, 2004, S.8).

1.3 Gesundheits- und Leistungsstatus der Person

Laut der Testauswertung weist die Person eine überdurchschnittliche Ausdauerleistungs-fähigkeit im Vergleich zu anderen jungen Frauen auf. Dies zeigt auch schon ihr Ruhepuls, der mit 58 S/min in einem optimalen Bereich liegt. Darüber hinaus betreibt die Person schon seit einem Jahr Kraftausdauertraining, was auch dem Bereich Ausdauer zugeordnet werden kann, und was eine gewisse Sportlichkeit der Person vermuten lässt. Dies hat der Ausdauertest bestätigt. Des Weiteren liegen keine orthopädischen oder internistischen Erkrankungen oder sonstigen gesundheitlichen Einschränkungen vor. Somit ist die Person im Hinblick auf die Trainingsplanung voll belastbar.

2 Zielsetzung/Prognose

Die Person hat drei Trainingsmotive. Zum Einen möchte sie ihr Gewicht reduzieren. Die-ses Motiv muss konkretisiert werden, sodass es als Ziel angesehen werden kann. Mit Ge-wichtsreduktion ist der Abbau von Fettmasse gemeint. Als Ziel wird die Reduktion des Körperfettanteils um 5 % in 12 Wochen festgelegt. Zurzeit liegt ihr Körperfettanteil mit 28 % im mittleren normalen Bereich. Dies entspricht bei einem Gewicht von 63 kg 17,64 kg Fettmasse. Bei einer Senkung um 5 % würde ihr Fettanteil mit 23 % im unteren nor-malen Bereich liegen. Dies entspreche einer Körperfettreduktion von ca. 0,9 kg, was mehr als realistisch ist und wo gesundheitlich gesehen nichts auszusetzen ist. Die Person würde letztendlich ihr Gewicht von 63 kg auf 62 kg reduzieren, was gesundheitlich gesehen optimal ist und im normalen Bereich liegt. Um dieses Ziele zu messen, wird die bioelektrische Impedanzanalyse angewandt. Bryner et al. (1997, S. 68-73) konnten beweisen, dass ein Training mit höherer Herzfrequenz (mittlere Herzfrequenz von 163 S7min) ohne diätetische Manipulation zu einem Rückgang des Körperfettgehaltes führt, sowie zur Abnahme der Aufnahme von gesättigten Fettsäuren und Cholesterin bei normalgewichtigen jungen Frauen, was bei einem Training mit niedriger Herzfrequenz (mittlere Herzfrequenz von 132 S/min) nicht zu beobachten war. Dementsprechend muss dieses Ziel bei der Methodenauswahl in der Trainingsplanung Berücksichtigung finden.

Ein weiteres Trainingsmotiv ist die Verbesserung der Ausdauerleistungsfähigkeit. Die Person hat überwiegend Kraftausdauer trainiert und die Ausdauergeräte bisher nur zum Auf- und Abwärmen verwendet. Dies möchte sie nun ändern. Dieses Trainingsmotiv kann gleichzeitig auch als Ziel angesehen werden. Gemessen wird die Ausdauerleistungsfähigkeit an der Wattleistung der Ausdauertestung. Der Ist-Zustand beträgt 123 Watt. Bis zum Re-Check in 12 Wochen soll die Wattleistung um 10 % auf 135 Watt gesteigert werden.

Das dritte Trainingsmotiv ist Stressabbau. Die Person muss aufgrund ihrer beruflichen Tätigkeit viel und lange sitzen und ist kaum an der frischen Luft. Dadurch fühlt sie sich gestresst und unausgeglichen, was sie gerne durch Sport kompensieren möchte. Um dies als Ziel messbar zu machen, wird eine Stressskala verwendet, bei der die Person ihre Stressstärke von 1-10 einordnen soll. Zurzeit ordnet die Person ihren Stress auf eine Stärke von 7. Auch diese Größe soll sich innerhalb von 12 Wochen verändern, genauer gesagt, um 2 Einheiten sinken. Hierbei muss beachtet werden, dass ein Training in aerober Stoffwechsellage zu einer geringen Laktatbildung führt. Dementsprechend ist die Stressbelastung auf den Körper gering. Durch die Bewegung können die im Körper befindlichen Stresshormone wie zum Beispiel Kortisol abgebaut werden. Ein Training in anaerober Stoffwechsellage versetzt den Körper in Stress, da je nach Intensität deutlich mehr Laktat produziert wird. Dadurch wird der Körper aber auf noch kommende Stresssituationen vorbereitet und kann mit diesen dann besser umgehen. Somit hat ein Training in beiden Stoffwechsellagen für die Person durchaus Sinn.

3 Trainingsplanung Mesozyklus

3.1 Grobplanung Mesozyklus

Tab. 6: Grobplanung Mesozyklus (eigene Darstellung)

	Mesozyklus
Dauer des Mesozyklus	6 Wochen
Übergeordnete spezifische Trainingsziel-setzung	- Regelmäßiges Training (3 Mal/Woche) - Einweisung in den Ruderergometer - Stabilisierung und Weiterentwicklung der Grundlagenausdauer (GA1 und GA2)
Angestrebter wöchentlicher Gesamttrai-ningsumfang	115 min
Trainingsmethode	Extensive Dauermethode (EDM) Variable Dauermethode (VDM) Extensive Intervallmethode (EIM) (5-8 Intervalle à 60 s)
Belastungsintensität von Hf-Reserve	REKOM: 50% EDM: 55-65 % VDM: 55-75% (55-60% extensiv, 65-70% intensiv) EIM: 50% extensiv, 75-85% intensiv
Trainingshäufigkeit pro Woche	3-mal
Trainingsdauer pro Einheit	REKOM: 30 min EDM: 35-45 min VDM: 30-40 min (5:5) EIM: 20-32 min (1 min intensiv, 3 min extensiv)
Trainingsgeräte	Crosstrainer, Laufband, Ruderergometer

3.2 Detailplanung Mesozyklus

Tab. 7: Detailplanung Mesozyklus (eigene Darstellung)

Woche 1	Mo	Mi	Fr
Trainingsziel	GA1	GA2	REKOM
Trainingsmethode	EDM	EIM (5 Intervalle, 3:1)	EDM
Trainingsintensität (Hf-Reserve)	55 %	50 % extensiv, 75 % intensiv	50 %

8

Trainingsherzfre-quenz	136 S/min	129 S/min extensiv, 165 S/min intensiv	129 S/min
Trainingsdauer	35 min	20 min	35 min
Trainingsgerät	Ruderergometer	Laufband	Ruderergometer
Woche 2	**Mo**	**Mi**	**Fr**
Trainingsziel	GA1	GA2	GA1
Trainingsmethode	VDM (5:5)	EIM (6 Intervalle, 3:1)	EDM
Trainingsintensität	55 % extensiv, 65 % intensiv	50 % extensiv, 75 % intensiv	55 %
Trainingsherzfre-quenz	136 S/min extensiv, 150 S/min intensiv	129 S/min extensiv, 165 S/min intensiv	136 S/min
Trainingsdauer	30 min	24 min	40 min
Trainingsgerät	Crosstrainer	Laufband	Ruderergometer
Woche 3	**Mo**	**Mi**	**Fr**
Trainingsziel	GA1	GA2	GA1
Trainingsmethode	VDM (5:5)	EIM (7 Intervalle, 3:1)	EDM
Trainingsintensität	55 % extensiv, 65 % intensiv	50 % extensiv, 75 % intensiv	55 %
Trainingsherzfre-quenz	136 S/min extensiv, 150 S/min intensiv	129 S/min extensiv, 165 S/min intensiv	136 S/min
Trainingsdauer	35 min	28 min	45 min
Trainingsgerät	Crosstrainer	Laufband	Ruderergometer
Woche 4	**Mo**	**Mi**	**Fr**
Trainingsziel	GA1	GA2	GA1
Trainingsmethode	VDM (5:5)	EIM (8 Intervalle, 3:1)	EDM
Trainingsintensität	55 % extensiv, 65 % intensiv	50 % extensiv, 75 % intensiv	60 %
Trainingsherzfre-quenz	136 S/min extensiv, 150 S/min intensiv	129 S/min extensiv, 165 S/min intensiv	143 S/min
Trainingsdauer	40 min	32 min	45 min
Trainingsgerät	Crosstrainer	Laufband	Ruderergometer
Woche 5	**Mo**	**Mi**	**Fr**
Trainingsziel	GA1	GA2	REKOM
Trainingsmethode	VDM (5:5)	EIM (8 Intervalle, 3:1)	EDM
Trainingsintensität	60 % extensiv, 70 % intensiv	50 % extensiv, 80 % intensiv	50 %

Trainingsherzfre-	143 extensiv, 157	129 S/min extensiv,	129 S/min
quenz	S/min intensiv	172 S/min intensiv	
Trainingsdauer	40 min	32 min	30 min
Trainingsgerät	Crosstrainer	Laufband	Ruderergometer
Woche 6	Mo	Mi	Fr
Trainingsziel	GA1	GA2	GA1
Trainingsmethode	VDM (5:5)	EIM (8 Intervalle, 3:1)	EDM
Trainingsintensität	60 % extensiv, 70 % intensiv	50 % extensiv, 85 % intensiv	65 %
Trainingsherzfre-	143 extensiv, 157	129 S/min extensiv,	150 S/min
quenz	S/min intensiv	179 S/min intensiv	
Trainingsdauer	40 min	32 min	45 min
Trainingsgerät	Crosstrainer	Laufband	Ruderergometer

3.3 Begründung zum Mesozyklus

Dem Mesozyklus voraus erfolgte eine Eingewöhnungsphase. Der Mesozyklus knüpft dann direkt an diese an.

Im oben beschriebenen Mesozyklus sind drei Trainingseinheiten mit drei verschiedenen Trainingsmethoden enthalten: die extensive Dauermethode, die variable Dauermethode und die extensive Intervallmethode. Die extensive Dauermethode dient hierbei zur Stabilisierung der Grundlagenausdauer und zum Stressabbau. Durch das Training in aerober Stoffwechsellage werden Stresshormone wie zum Beispiel Kortisol im Körper abgebaut. Um ein Fettstoffwechseltraining handelt es sich hierbei nicht, da die Belastungszeiträume unter 60 min liegen und demnach für den Körper zu kurz sind, um bei der Energiebereitstellung auf eine größere Menge freier Fettsäuren zurück zu greifen. Die extensive Dauermethode hat jedoch zahlreiche gesundheitsfördernde Effekte auf das Herz-Kreislauf-System. Die Atmung und die Herzarbeit werden ökonomisiert, das Blut wird dünnflüssiger und kann den Sauerstoff und andere Nährstoffe schneller in die Muskulatur und zu den entsprechenden Zielorganen transportieren (Hollmann, 1986, S. 111-128, S. 144-193), in der Skelettmuskulatur nehmen die Mitochondrien an Größe und Anzahl zu und der Myoglobingehalt erhöht sich. Dies sind nur wenige der vielen Anpassungseffekte eines Herz-Kreislauf-Trainings. Letztendlich dient die extensive Dauermethode auch der Regeneration nach einer intensiven Trainingseinheit, wie zum Beispiel nach einem

10

Training mit der extensiven Intervallmethode. Die extensive Intervallmethode dient der Weiterentwicklung der Grundlagenausdauer und somit der Leistungsfähigkeit, damit das Ziel der Verbesserung der Ausdauerleistungsfähigkeit auch erreicht werden kann. Auch das Ziel der Körperfettreduktion wird hiermit angesteuert, da bei dieser Methode höhere Pulsbereiche angesteuert werden (Bryner et al., 1997, S. 68-73). Um Körperfett zu reduzieren ist die Höhe der verbrauchten Kalorien entscheidend. Der Kalorienverbrauch ist bei intensiven Methoden mit kürzerer Belastungsdauer am höchsten. Voraussetzung ist hierbei natürlich eine gute Grundlagenausdauer, die mit der extensiven Dauermethode antrainiert wird. Der eigentliche Fettabbau erfolgt in der Regeneration, die wiederum auch durch die extensive Dauermethode aufgrund der durchblutungsfördernden Wirkung positiv beeinflusst wird. Demnach stehen also die extensive Dauermode und extensive Intervallmethode in einer engen Beziehung zueinander. Das Ziel Stressabbau bzw. bessere Stressbewältigung wird ebenfalls durch die extensive Intervallmethode angesteuert. So sagt Grunert (2006, S. 375) aus, dass die Grundlage des Stressmanagements der Ausdauersport ist. „Die Konzentration der Stresshormone nimmt bei Stress langsamer zu und die Rezeptoren der Erfolgsorgane (z. B. des Herzens) werden unempfindlicher" (Grunert, 2006, S. 375). Wie oben bereits erwähnt, bedeutet ein anaerobes Training Stress für den Körper, da je nach Intensität deutlich mehr Laktat als bei einem aeroben Training produziert wird. Diese durch Sport simulierte Stresssituation führt zu den von Grunert (2006, S. 375) beschriebenen Anpassungseffekten. Die dritte Methode ist die variable Dauermethode, die eine Mischmethode aus extensiver und intensiver Dauermethode darstellt. Die Anpassungseffekte sind dadurch breiter, jedoch weniger ausgeprägt. So wird sowohl das Herz-Kreislauf-System verbessert, als auch die Laktatkompensation und –elimination verbessert (Kettenis & Eifler, 2016, S. 177). Sowohl die variable Dauermethode als auch die extensive Intervallmethode bedeuten ein Training in anaerober Stoffwechsellage und sorgen damit für eine Verbesserung der Umstellung zwischen aerober und anaerober Energiebereitstellung. Die variable Dauermethode ist hierbei weniger intensiv als die extensive Intervallmethode. Beide Methoden haben gemeinsam, dass die aerobe Schwelle angehoben wird, wodurch die Leistungsfähigkeit verbessert wird. Abschließend lässt sich sagen, dass die drei Methoden Abwechslung und damit Spaß in das Training bringen sollen, damit die Person keine Trainingspausen mehr einlegt, was auch gleichzeitig ein Garant für die Zielerreichung darstellt.

Der angestrebte wöchentliche Belastungsumfang beträgt 115 min, also ca. zwei Stunden, was relativ gering gehalten wurde, da die Person neben dem Ausdauertraining weiterhin ihr Krafttraining betreiben möchte. Außerdem würden zu große Umfänge wiederum die Motivation, das Training zu absolvieren, negativ beeinflussen.

Ein wichtiger Aspekt, der bei der Trainingsplanung unbedingt beachtet werden muss, ist die Belastungsprogression. Die Belastungen sollten schrittweise zuerst über den Umfang und dann über die Intensität erhöht werden. So wird die Person in Woche 1 langsam an die Belastung herangeführt. Die Woche startet mit der extensiven Dauermethode, gefolgt von der extensiven Intervallmethode mit lediglich 5 Intervallen und einer abschließenden REKOM-Einheit. Da die Person noch nie ein Intervalltraining durchgeführt hat, dient das REKOM-Training dazu, sich schnell von dieser unerwartet hohen Belastung zu regenerieren. In Woche 2 wird die Belastung progressiv gesteigert. So startet diese Woche mit der variablen Dauermethode, gefolgt von der extensiven Intervallmethode mit schon 6 Intervallen und der extensiven Dauermethode, deren Belastungsumfang um 5 min gesteigert wird. Diese Abfolge bleibt in den darauf folgenden Wochen des Mesozyklus erhalten. In Woche 3 wird dann gemäß dem Prinzip Umfang vor Intensität der Belastungsumfang aller drei Trainingseinheiten gesteigert: die VDM und EDM-Einheiten um jeweils 5 min und die Intervallmethode, wie bereits in Woche 2 geschehen, erneut um 1 Intervall. In Woche 4 werden die Umfänge der VDM- und EIM-Einheiten, wie oben beschrieben, erneut erhöht. Bei der EDM-Einheit wird nun erstmals die Intensität um 5 % der Herzfrequenz-Reserve gesteigert. In der 5. Woche werden die Intensitäten der VDM- und EDM-Einheiten nun erstmals angehoben. Sowohl die extensiven als auch die intensiven Trainingsbereiche werden um jeweils 5 % der Herzfrequenz-Reserve angehoben. Statt der EDM-Einheit im GA1 erfolgt nun eine REKOM-Einheit, um sich von den intensiven Belastungen zu erholen und um sich auf die erneute Belastungsprogression in Woche 6 vorzubereiten. In dieser letzten Woche werden die EIM-Einheit und die EDM-Einheit erneut um 5 % der Herzfrequenz-Reserve gesteigert. Damit erfüllt der Mesozyklus die Anforderung der stetigen Belastungsprogression. Von Woche zu Woche wird die Belastung erst über den Umfang und später über die Intensität angehoben. Hierbei wurde das Be- und Entlastungsverhältnis von 3:1 innerhalb eines Mesozyklus eingehalten, was dem vierten Trainingsprinzip zu Grunde liegt (Kettenis & Eifler, 2016, S. 192). In den sechs Wochen sind zwei Wochen enthalten, in denen die Trainingsbelastung aufgrund von REKOM-Einheiten reduziert wurde.

Im dargestellten Mesozyklus soll die Grundlagenausdauer stabilisiert und weiterentwickelt werden, was den Trainingsbereichen GA1 und GA2 entspricht. Die Basismethode von GA1 ist hierbei die extensive Dauermethode. Der Grundlagenausdauerbereich 1 dient zur Stabilisierung der Grundlagenausdauer. Er erhöht die aerobe Leistungsfähigkeit und hat zahlreiche positive Effekte auf das Herz-Kreislauf-System und sorgt gleichzeitig für Stressreduktion, wie oben bereits erläutert. Um das Ziel Leistungssteigerung zu erreichen, ist der Grundlagenausdauerbereich 2 notwendig, der der Weiterentwicklung der Grundlagenausdauer dient. GA2 findet im aerob-anaeroben-Mischbereich statt und setzt „einen intensiven Reiz für die Entwicklung des Sauerstofftransportsystems und die aerobe Utilisation" (Kettenis & Eifler, 2016, S. 195), wodurch die Ausdauerfähigkeit weiterentwickelt werden kann. Die Trainingsmethode hierbei ist die extensive Intervallmethode. Die variable Dauermethode lässt sich sowohl GA1 als auch GA2 zuordnen. Aufgrund der niedrig gehaltenen Belastungsspitzen wird die variable Dauermethode in diesem Mesozyklus dem Grundlagenausdauerbereich 1 zugeordnet. Der Grund hierfür ist, dass ca. zwei Drittel des Trainings auf das GA1-Training und ca. ein Drittel auf das GA2-Training entfallen sollte (Kettenis & Eifler, 2016, S. 197). Um nun Körperfett zu reduzieren, ist das Training im GA2 unabdingbar, denn nur intensives Ausdauertraining führt zu einem hohen Kalorienverbrauch und einem hohen Nachbrenneffekt (Schmid, P. et al., 2011, S. 15-20). In der Regeneration findet dann der eigentliche Fettabbau statt. Deshalb sind regenerative Einheiten wie das REKOM-Training und die EDM-Einheiten so wichtig für die Reduktion von Körperfett.

Der Mesozyklus beinhaltet drei verschiedene Ausdauergeräte: den Crosstrainer, das Laufband und den Ruderergometer. Das Laufband und den Crosstrainer kennt die Person bereits aus ihrem bisherigen Training. Um nun die Trainingsvariation und damit die Motivation zu erhöhen und neue Reize zu setzen, wird die Person in das Ruderergometer eingeführt. Da dieser koordinativ sehr fordernd ist, wird die weniger belastende EDM-Einheit auf diesem Ausdauergerät durchgeführt. Der Vorteil des Ruderergometers ist, dass aufgrund der hohen Muskelmassenbeteiligung ein hoher cardiopulmonaler Trainingseffekt erzielt und zusätzlich ein hoher Kalorienverbrauch erreicht wird, was für das Ziel Fettabbau von Nöten ist. Auf dem Laufband ist die Muskelmassenbeteiligung ebenfalls sehr hoch, weshalb hierbei die gleichen Vorteile wie beim Ruderergometer geltend gemacht werden können. Auf dem Laufband absolviert die Person die extensive Intervallmethode, da auf diesem die Belastung einfach und sehr schnell über die Geschwindigkeit dosiert werden kann. Der hohe koordinative Anspruch wird hierbei relativiert, da die Person mit dem Gerät bereits vertraut ist. Der Crosstrainer hat koordinativ den geringsten Anspruch. Die Person kennt das Gerät bereits und hat es schon häufig verwendet, weshalb es trotz des geringeren Kalorienverbrauchs im Vergleich zu den anderen beiden

Ausdauergeräten im Trainingsplan Verwendung finden sollte, um auch den Spaßfaktor beim Training zu erhalten. Auf dem Crosstrainer führt die Person die variable Dauermethode durch, da diese doch anspruchsvolle Methode ein Gerät bedarf, welches die Person bereits kennt und/oder leicht zu bedienen ist. Beides trifft in diesem Falle zu.

4 Literaturrecherche: Effekte des Ausdauertrainings bei arterieller Hypertonie

Tab. 8: Übersicht der Studie „Zur Wirkung einer akuten und chronischen Ausdauerleistung auf das Blutdruckverhalten bei Hochdruckkranken" (Ketelhut, R., Franz, I.-W., 1985, S. 704-708) aus „Training und Sport zur Prävention und Rehabilitation in der technisierten Umwelt" (Franz, I.-W., Mellerowicz, H., Noack, W., 1985) (eigene Darstellung)

Wer hat die Studie durchgeführt?	Ketelhut, R. und Franz, I.-W.
In welchem Jahr wurde die Studie publiziert?	1985
Mit welchen Versuchspersonen wurde die Studie durchgeführt?	Mit 16 männlichen Hypertonikern im Alter von 43,6 ± 3,9 Jahren, die sich laut WHO-Klassifikation im Hypertoniestadium 1 befinden.
Wie sah der Versuchsaufbau aus?	In der Studie wurde der Einfluss einer Ausdauerbelastung auf das Blutdruckverhalten einer 60minütigen Ergometrie im steady-state, also mit einer Herzfrequenz (HF) von 130-140 min^{-1}, ermittelt. In der 5. Minute der Belastung wurde der Ausgangsblutdruck ermittelt und mit dem Blutdruck der 30. und 60. Minute verglichen. 60 und 120 Minuten nach der Belastung wurde noch einmal gemessen.
Welche relevanten Ergebnisse und Schlussfolgerungen lieferten die Studie?	Der in der 5. Minute der Ergometrie ermittelte Ausgangsblutdruck betrug 203 ± 24/106 ± 10 mmHg bei einer HF von 133 ± 10 min^{-1}. Im Verlauf der Ausdauerbelastung kam es zu einem kontinuierlichen Abfall des Blutdruckes mit z. B. 182 ± 21/93 ± 12 mmHg in der 30. Minute bzw. 173 ± 19/88 ± 11 mmHg in der 60. Minute, obwohl die entsprechende Herzfrequenz mit 135 ± 10 bzw. 137 ± 4 min^{-1} im steady-state blieb.

	Noch 60 min nach der Ausdauerbelastung war der Ruheblutdruck mit 124 ± 8/90 ± 6 mmHg im Vergleich zum Ausgangswert vor der Ergometrie mit 128 ± 6/95 ± 6 mmHg signifikant erniedrigt, wogegen sich nach 120 min kein blutdrucksenkender Effekt mehr nachweisen ließ. Die noch laufenden Untersuchungen sollen klären, ob ein regelmäßiges, zweimal wöchentliches Ausdauertraining den Blutdruckabfall während standardisierter ergometrischer Ausdauerbelastung noch verstärkt und ob darüber hinaus die blutdrucksenkende Wirkung über 60 min hinaus anhält und somit möglicherweise die milde Hochdruckerkrankung im Sinne einer Blutdrucknormalisierung günstig beeinflusst werden kann.

Tab. 9: Übersicht der Studie „Blood pressure lowering effect of low intensity aerobic training in elderly hypertensive patients" (Motoyama, M. et al., 1998) (eigene Darstellung)

Wer hat die Studie durchgeführt?	Motoyama, M., Sunami, Y., Kinoshita, F., Kiyonaga, A., Tanaka, H., Shindo, M., Irie, T., Urata H., Sasaki, J. und Arakawa, K.
In welchem Jahr wurde die Studie publiziert?	1998
Mit welchen Versuchspersonen wurde die Studie durchgeführt?	Mit älteren, hypertensiven Patienten, die antihypertensive Medikamente erhielten.
Wie sah der Versuchsaufbau aus?	Es gab eine Trainingsgruppe, die 13 Patienten mit einem Durchschnittsalter von 75,4 ± 5,4 Jahren umfasste. Diese absolvierte ein körperliches Training mit einer Trainingsintensität an der Laktatschwelle für 30 Minuten drei bis sechs Mal pro Woche für insgesamt 9 Monate. Die Kontrollgruppe, bestehend aus ebenfalls 13 Patienten mit einem durchschnittlichen Alter von 73,1 - 4,2 Jahren, absolvierte in diesen 9 Monaten kein körperliches Training.
Welche relevanten Ergebnisse und Schlussfolgerungen lieferten die Studie?	Nach drei Monaten Training war der ruhende systolische (-15 +/- 8 mm Hg) und diastolischen Blutdruck (-9 + / - 9 mm Hg) deutlich gesunken. Der Blutdruck aller Teilnehmer der

Trainingsgruppe lag am Ende der Studie (9 Monate) deutlich niedriger, wohingegen keine signi-
fikanten Blutdruckänderungen in der Kontroll-
gruppe festgestellt wurden. Auch die
Laktatschwelle hat sich in der Trainingsgruppe
deutlich erhöht. Nach dem Training von 9 Mona-
ten wurde hinsichtlich des systolischen und dias-
tolischen Blutdrucks wieder eine negative Rück-
entwicklung festgestellt. So waren bei fünf Patienten, die mit der körperlichen Aktivität aufgehört
hatten, nach drei Monate die Blutdruckwerte
ähnlich denen der zu Beginn gemessenen
Werte. Schlussfolgernd bestätigt diese Studie
die antihypertensive Wirkung von moderatem
Ausdauertraining an der Laktatschwelle bei älte-
ren Patienten, die antihypertensive Medika-
mente zu sich nehmen.

5 Literaturverzeichnis

Bryner, R. W., Toffle, R. C., Ullrich, I. H., Yeater, R. A. (1997). The effects of exercise
intensity on body composition, weight loss, and dietary composition in women. *Journal of the American College of Nutrition 16 (1)*, 68-73.

Eifler, C. (2015). *Studienbrief Medizinische Grundlagen.* Saarbrücken: Deutsche
Hochschule für Prävention und Gesundheitsmanagement.

Franz, I.-W., Mellerowicz, H., Noack, W. (1985). *Training und Sport zur Prävention und
Rehabilitation in der technisierten Umwelt.* Berlin Heidelberg: Springer.

Gallagher, D., Heymsfield, S. B., Heo, M., Jebb, S. A., Murgatroyd, P. R., Sakomoto,
Y. (2000). Healthy percentage body fat ranges: an approach for developing guidelines
based on body mass index 1–3. *The American Journal of Clinical Nutrition, 72 (3)*,
694-701.

Grunert, D. (2006). *Konzepte der Gesundheitsvorsorge – Sport. Jugendmedizin. Gesund-
heit und Gesellschaft.* Berlin Heidelberg: Springer.

Hollmann, W. (1986). *Zentrale Themen der Sportmedizin* (3., erweiterte Aufl.). Berlin
Heidelberg: Springer.

Institut für Prävention und Nachsorge (IPN). (2004). *IPN-Test – Ausdauertest für den Fitness- und Gesundheitssport.* Köln: Institut für Prävention und Nachsorge.

Kettenis, L., Eifler, C. (2016). *Studienbrief Trainingslehre 2 – Gesundheitsorientiertes Ausdauertraining.* Saarbrücken: Deutsche Hochschule für Prävention und Gesundheitsmanagement.

Motoyama, M., Sunami, Y., Kinoshita, F., Kyonaga, A., Tanaka, H., Shindo, M., Irie, T., Urata, H., Sasaki, J., Arakawa, K. (1998). Blood pressure lowering effect of low intensity aerobic training in elderly hypertensive patients. *Medicine and Science in Sports and Exercise 30* (6), 818-823.

Schmid, P., Eder, B., Wonisch, M., Geissler, D., Tschan, H., Pokan, R. (2011). Gewichtsreduktion durch Nachbrenneffekte? *Sport- und Präventivmedizin* 41 (4), 15-20.

6 Abbildungs- und Tabellenverzeichnis

6.1 Abbildungsverzeichnis

6.2 Tabellenverzeichnis

BEI GRIN MACHT SICH IHR WISSEN BEZAHLT

- Wir veröffentlichen Ihre Hausarbeit,
  Bachelor- und Masterarbeit

- Ihr eigenes eBook und Buch -
  weltweit in allen wichtigen Shops

- Verdienen Sie an jedem Verkauf

Jetzt bei www.GRIN.com hochladen und kostenlos publizieren